QUEEN BEE LEVA SUA ATITUDE E MUITO GLITTER AONDE QUER QUE VÁ! PARA COMEÇAR A DIVERSÃO, ELA TEM UMA DICA PARA VOCÊ. DESCUBRA QUAL É, PREENCHENDO OS ESPAÇOS COM AS LETRAS INDICADAS.

1A = N
2A = D
3A = B
1B = U
2B = E
3B = R
1C = N
2C = I
3C = I
1D = C
2D = X
3D = L
1E = A
2E = E
3E = H
3F = A
2G = D
3G = R
2H = E
3H = !

	A	B	C	D	E	F	G	H
1						★	★	★
2						★		
3								

RESPOSTA NA PÁGINA 33

TEACHER'S PET NÃO ACEITA NADA MENOS QUE NOTA DEZ! VAMOS FAZER A LIÇÃO DE CASA JUNTAS E COMPLETAR AS CONTINHAS COM OS NÚMEROS QUE FALTAM?

$$\begin{array}{r} 8 \\ +\ 5 \\ \hline \square \end{array}$$

$$\begin{array}{r} 4 \\ +\ \square \\ \hline 12 \end{array}$$

$$\begin{array}{r} \square \\ -\ 9 \\ \hline 11 \end{array}$$

$$\begin{array}{r} 13 \\ -\ \square \\ \hline 4 \end{array}$$

$$\begin{array}{r} \square \\ -\ 6 \\ \hline 6 \end{array}$$

RESPOSTAS NA PÁGINA 33

A MARÉ ESTÁ BOA PARA **SURF BABE** E ELA MAL PODE ESPERAR PARA PEGAR ALTAS ONDAS. DECORE PARA ELA UMA LINDA PRANCHA PERSONALIZADA COM O SEU ESTILO!

SERÁ QUE VOCÊ CONSEGUE ACOMPANHAR OS PASSOS INCRÍVEIS DAS BONECAS DO **DANCE CLUB**? SIGA O QUADRO DE ACORDO COM AS INDICAÇÕES E APRENDA A COREOGRAFIA PERFEITA!

RESPOSTA NA PÁGINA 33

O FIGURINO PARA A PRÓXIMA APRESENTAÇÃO DO THEATER CLUB ESTÁ PRONTO. SÓ FALTA VOCÊ DAR CORES AO LOOK DA **GENIE**, SEGUINDO A REFERÊNCIA COLORIDA!

A **COSMIC QUEEN** É A ESTRELA QUE MAIS BRILHA NESTA GALÁXIA! ELA TEM UMA PERGUNTA PARA VOCÊ: QUAL DOS CONJUNTOS ABAIXO TEM AS LETRAS QUE FORMAM A PALAVRA "SURPRESA"?

S R E U P R S R

S R E U P A S A

S R A U R R S A

S R E U P R S A

RESPOSTA NA PÁGINA 33

AS BONECAS DO **GLEE CLUB** ESTÃO PRONTAS PARA SOLTAR SUAS VOZES! VOCÊ SÓ PRECISA LIGAR CADA UMA DELAS AOS DETALHES QUE LHES PERTENCEM.

RESPOSTAS NA PÁGINA 33

FUNKY Q.T. QUER A SUA AJUDA PARA COMPLETAR A SEQUÊNCIA DE NUMERAIS A SEGUIR. VOCÊ CONSEGUE ADIVINHAR QUAIS DELES A COMPLETAM?

INÍCIO

5

15

20

50

30

40

RESPOSTAS NA PÁGINA 33

PARA DESCOBRIR QUEM É A BONECA MISTERIOSA DO **HIP HOP CLUB**, ELIMINE AS LETRAS REPETIDAS DO QUADRO E REÚNA AS QUE SOBRARAM.

F	D	A	Z	A	Q	B
A	I	S	I	N	W	D
C	F	D	C	Q	E	A
G	H	E	O	K	R	W
B	V	G	B	E	T	E
N	K	E	N	Z	Y	A

RESPOSTA:

RESPOSTA NA PÁGINA 33

BRILHAR NOS PALCOS É O QUE A DIVA MAIS GOSTA DE FAZER! PARA ADIVINHAR O RECADO QUE ELA TEM PARA VOCÊ, TROQUE OS NUMERAIS PELAS LETRAS.

1=A	10=R
2=E	11=S
3=I	12=T
4=O	13=V
5=D	14=U
6=H	15=C
7=M	16=.
8=N	17=!
9=P	18=Ç

_ _ _ _ _   _ _ _ _ _ _

7 3 8 6 1   7 14 11 3 15 1

_ _ _ _   _ _ _ _ _ _   _ _

2 11 12 1   11 2 7 9 10 2   8 4

_ _ _ _   _ _ _   _ _ _ _ _ _ _ _

12 4 9 4   5 1 11   9 1 10 1 5 1 11 16

_ _ _ _ _   _ _ _ _ _ _ _

13 1 7 4 11   5 1 8 18 1 10 17

RESPOSTA NA PÁGINA 33

SURPREENDER É O QUE AS BONECAS L.O.L. FAZEM DE MELHOR. SERÁ QUE VOCÊ CONSEGUE ADIVINHAR QUEM É ESTA BONECA, SEGUINDO AS DICAS?

ELA ADORA TIRAR SELFIES

AS CÂMERAS SÃO SUAS MELHORES AMIGAS

É LOIRA E TEM OLHOS AZUIS

ELA É SEMPRE A ESTRELA PRINCIPAL

TEM O ESTILO DE UMA CELEBRIDADE DE HOLLYWOOD

VIRE A PÁGINA PARA DESCOBRIR SE VOCÊ ACERTOU!

PARA QUE ELA TIRE A SELFIE PERFEITA, COMPLETE O LOOK, PINTANDO AS PARTES QUE FALTAM.

VOCÊ ACERTOU?

( ) SIM

( ) NÃO

AS BONECAS DO ATHLETIC CLUB SEMPRE CONQUISTAM O PRIMEIRO LUGAR! LIGUE CADA UMA DELAS AO ACESSÓRIO DE QUE ELAS PRECISAM PARA PRATICAR SEUS ESPORTES.

RAQUETE DE TÊNIS

BOLA DE FUTEBOL AMERICANO

TACO DE BEISEBOL

BOLA DE BASQUETE

RESPOSTAS NA PÁGINA 33

O **OPPOSITES CLUB** CELEBRA AS DIFERENÇAS E MOSTRA QUE A AMIZADE VERDADEIRA SUPERA TUDO. ESCREVA OS OPOSTOS DE CADA PALAVRA ABAIXO.

FRIO

CHEIO

CLARO

BAIXO

TRISTE

DENTRO

RESPOSTA NA PÁGINA 33

FANIME, DO COSPLAY CLUB, QUER UMA FANTASIA NOVA E ACESSÓRIOS BEM LEGAIS. SURPREENDA-A COM A SUA CRIATIVIDADE, DESENHANDO SUA PRÓPRIA CRIAÇÃO E PINTANDO COM BASTANTE CAPRICHO!

SLEEPY BONES SEPAROU SEU PIJAMA FAVORITO E ESTÁ PRONTA PARA ENCONTRAR AS BONECAS DO **SLEEPOVER CLUB** PARA UMA FESTA DO PIJAMA! LEVE-A ATÉ ELAS PELO LABIRINTO.

RESPOSTA NA PÁGINA 33

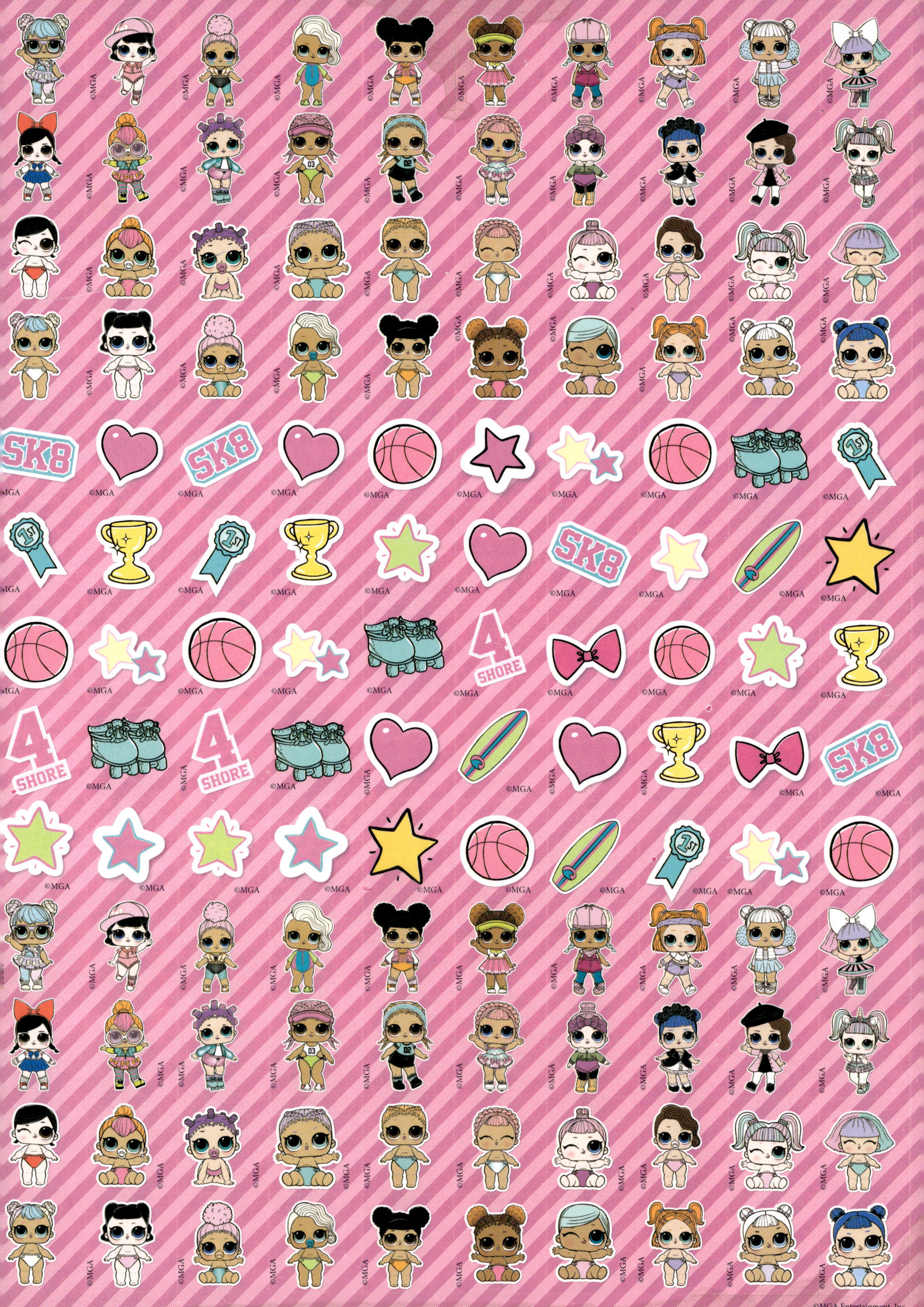
SK8
SK8
SK8
4
SHORE
4
SHORE
4
SHORE
SK8
©MGA

©MGA
SK8
4
SHORE

VOCÊ ESTÁ MESMO POR DENTRO DO MUNDO DE L.O.L. SURPRISE!? LIGUE CADA UMA DAS BONECAS AO NOME DO CLUBE AO QUAL ELAS PERTENCEM.

S.T.E.M. CLUB | STORYBOOK CLUB | THEATER CLUB | SWIM CLUB | RETRO CLUB | SPIRIT CLUB

RESPOSTAS NA PÁGINA 34

REUNIÃO DO **GLITTERATI!** QUEM É A BONECA QUE ESTÁ ENTRE A QUEEN BEE E A GLITTER QUEEN, ABAIXO DA COSMIC QUEEN E ACIMA DA CRYSTAL QUEEN?

RESPOSTA NA PÁGINA 34

ROCKER CHEGOU CHEIA DE SURPRESAS! CIRCULE QUAL DAS NOTAS MUSICAIS ABAIXO CORRESPONDE À SOMBRA.

RESPOSTAS NA PÁGINA 34

PARA QUE A FOTO OFICIAL DO **GLAM CLUB** FIQUE PERFEITA, VOCÊ PRECISA ENCONTRAR OS RECORTES QUE FALTAM. OBSERVE A FIGURA COM BASTANTE ATENÇÃO!

© MGA

___ ___ ___ ___

RESPOSTA NA PÁGINA 34

AS BONECAS **PEARL SURPRISE** SÃO AS PÉROLAS MAIS RARAS DO OCEANO. DENTRE OS ANIMAIZINHOS ABAIXO, CIRCULE APENAS OS NOMES DAQUELES QUE VIVEM COM ELAS, NO FUNDO DO MAR.

POLVO

MACACO

BALEIA

IGUANA

LEÃO

BORBOLETA

ÁGUA-VIVA

CAVALO-MARINHO

RESPOSTA NA PÁGINA 34

VAMOS APRENDER A DESENHAR A BONECA MAIS GATINHA DO **THEATER CLUB**? SIGA O MOLDE E, EM SEGUIDA, PINTE A **BABY CAT** COM BASTANTE CAPRICHO.

CADA BONECA DO **RETRO CLUB** TEM SUA PRÓPRIA SOMBRA, MENOS UMA. OBSERVE OS DESENHOS ABAIXO COM ATENÇÃO E CIRCULE-A.

RESPOSTA NA PÁGINA 34

CIRCULE QUAL DOS OBJETOS ABAIXO É INDISPENSÁVEL PARA QUE A **ROLLER SK8ER** PRATIQUE SEU ESPORTE FAVORITO.

RESPOSTA NA PÁGINA 34

A **STARDUST QUEEN** QUER QUE VOCÊ DÊ A ELA CORES VIBRANTES PARA QUE ELA BRILHE TANTO QUANTO A ESTRELA MAIS RELUZENTE NO CÉU!

ENCONTRE, NO CAÇA-PALAVRAS, OS NOMES DAS BONECAS QUE PERTENCEM AO CHILL OUT CLUB.

POSH BRRR B.B. SNOW ANGEL COZY BABE

P G V L A F S E B T S T D T D A Z A Q B
C S S M D C D W F C V O F J I M I N W D
A C A V H S N O W A N G E L C D C Q E A
T A R M Y Q Q O E O W S H O S E O K R W
G Q K E E N A M J O O N A W B J B E T E
H F L R G H C O Z Y B A B E N I N R Y Y
E G M I N Y O O N G I N G V T N P O S H
A V N H S J U N G K O O K P S J L Y I O
Q S T B R R R B B R A T A E H Y U N G N

RESPOSTAS NA PÁGINA 34

GLAMSTRONAUT VAI VIAJAR PELA GALÁXIA PARA ENCONTRAR SUA IRMÃZINHA. PARA QUE ELA NÃO ERRE O CAMINHO, SIGA APENAS AS LETRAS QUE FORMAM AS PALAVRAS "VIA LÁCTEA".

 RESPOSTA NA PÁGINA 34

AS BONECAS DO **GLEE CLUB** ESTÃO AQUECENDO SUAS VOZES PARA O SHOW DE SUAS VIDAS. ENCONTRE AS CINCO DIFERENÇAS NA SEGUNDA FIGURA.

RESPOSTAS NA PÁGINA 34

B.B. BOP TEM O CHARME E O ESTILO ÚNICO DAS GAROTAS DOS ANOS 1950. APRENDA A DESENHÁ-LA, SEGUINDO O MODELO. DEPOIS, PINTE-A COM SEUS LÁPIS MAIS BONITOS!

AS BONECAS L.O.L. SURPRISE! AMAM CORES E MUITO BRILHO. PINTE AS ESTRELAS DESTA PÁGINA COM SUA COR FAVORITA. DEPOIS, DESCUBRA O QUE ELA DIZ SOBRE VOCÊ!

AZUL: VOCÊ É UMA GAROTA SERENA E TRANQUILA. SUAS AMIGAS BUSCAM EM VOCÊ UM OMBRO AMIGO NOS MOMENTOS DIFÍCEIS.

COR-DE-ROSA: DELICADEZA E SENSIBILIDADE SÃO SUAS CARACTERÍSTICAS MAIS MARCANTES, MAS ISSO NÃO SIGNIFICA QUE VOCÊ NÃO SEJA UMA GAROTA FORTE!

VERDE: VOCÊ É CHEIA DE VIDA, GOSTA DE BRINCAR E DE SE EXERCITAR. VOCÊ ESPALHA SUA BOA ENERGIA A TODOS QUE SE APROXIMAM!

ROXA: VOCÊ É MISTERIOSA E SABE MUITO BEM GUARDAR SEGREDOS. SUAS AMIGAS SABEM QUE PODEM CONFIAR EM VOCÊ!

AMARELA: SEU OTIMISMO E SUA ALEGRIA SÃO UM REFLEXO DA LUZ QUE EXISTE DENTRO DE VOCÊ. NÃO DEIXE QUE NINGUÉM A APAGUE!

CINZA: VOCÊ É SÉRIA, EQUILIBRADA E TEM A HABILIDADE DE COMPREENDER TODOS OS LADOS DE UMA HISTÓRIA. ISSO É MUITO VALIOSO!

LARANJA: VOCÊ ESTÁ SEMPRE COM UM SORRISO NO ROSTO E, COM ESSE BRILHO, CONSEGUE CHEGAR AONDE QUISER.

PRETA: CHEIA DE PERSONALIDADE, NÃO GOSTA DE FALSIDADE E MENTIRAS. VOCÊ NÃO TEM MEDO DE DIZER O QUE PENSA!

VERMELHA: GAROTA APAIXONADA POR TUDO QUE FAZ E CHEIA DE ENERGIA, VOCÊ É UMA AMIGA QUE NUNCA DEIXA AS BFFS NA MÃO.

MARROM: ESTUDIOSA, DEDICADA E FOCADA. ESTA É VOCÊ! VOCÊ SABE AONDE QUER CHEGAR E FAZ DE TUDO PARA TER SUCESSO.

RESPOSTAS

PÁGINA 3

	A	B	C	D	E	F	G	H
1	N	U	N	C	A	★	★	★
2	D	E	I	X	E	★	D	E
3	B	R	I	L	H	A	R	!

PÁGINA 4

$8 + 5 = 13$

$4 + 8 = 12$

$20 - 9 = 11$

$13 - 9 = 4$

$12 - 6 = 6$

PÁGINA 6

PÁGINA 8

PÁGINA 11

SHORTY

PÁGINA 9

PÁGINA 10

PÁGINA 12

MINHA MÚSICA
7 3 8 6 1 7 14 11 3 15 1

ESTÁ SEMPRE NO
2 11 12 1 11 2 7 9 10 2 8 4

TOPO DAS PARADAS.
12 4 9 4 5 1 11 9 1 10 1 5 1 11 16

VAMOS DANÇAR!
13 1 7 4 11 5 1 8 18 1 10 17

PÁGINA 15

PÁGINA 16

FRIO – QUENTE	CHEIO – VAZIO
CLARO – ESCURO	BAIXO – ALTO
TRISTE – FELIZ	DENTRO – FORA

PÁGINA 18

PÁGINA 19

PÁGINA 20

PÁGINA 21

PÁGINA 22

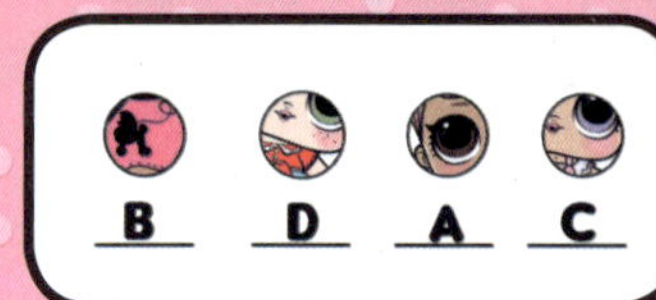

PÁGINA 23

POLVO BALEIA

ÁGUA-VIVA

CAVALO-MARINHO

PÁGINA 25

PÁGINA 26

PÁGINA 28

P G V L A F S E B T S T D T D A Z A Q B
C S S M D C D W F C V O F J I M I N W D
A C A V H [S N O W A N G E L] C D C Q E A
T A R M Y Q Q O E O W S H O S E O K R W
G Q K E E N A M J O O N A W B G B E T E
H F L R G H [C O Z Y B A B E] N H N R Y Y
E G M I N Y O O N G I N G V T J [P O S H]
A V N H S J U N G K O O K P S J L Y I O
Q S T [B R R R B B] R A T A E H Y U N G N

PÁGINA 29

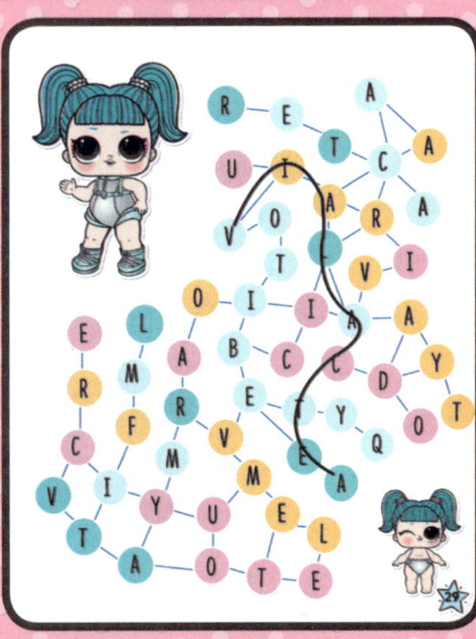

PÁGINA 30